Made in the USA
Coppell, TX
05 August 2023

20009839R00063